# DOLOMITEN VERTIKAL
### DAS WELTNATURERBE AUS DER LUFT

**Bibliografische Information Der Deutschen Nationalbibliothek**
Die Deutsche Nationalbibliothek verzeichnet diese Publikation in der
Deutschen Nationalbibliografie; detaillierte bibliografische Daten sind im Internet
über http://dnb.d-nb.de abrufbar.

Vollständige oder auszugsweise Reproduktion, gleich welcher Form (Fotokopie,
Mikrofilm, elektronische Datenverarbeitung inkl. Bildveränderung oder andere
Verfahren), Vervielfältigung und Weitergabe von Vervielfältigungen nur mit
schriftlicher Genehmigung des Verlags.

2010
© Verlagsanstalt Tyrolia, Innsbruck
Umschlaggestaltung: Grafiche Vianello srl / VianelloLibri, Ponzano Veneto (Italia)
unter Verwendung eines Bildes von Ulrich Ackermann

Titelbild: Sass Maor und Cima della Madonna / Palagruppe
Bildnachweis: Alle Abbildungen stammen von Ulrich Ackermann
(ackermann@fotolangformat.ch).

Layout, Lithografie, Druck und Bindung:
Grafiche Vianello srl / VianelloLibri,
Ponzano Veneto (Italia)

ISBN 978-3-7022-3085-2
E-Mail: buchverlag@tyrolia.at
Internet: www.tyrolia-verlag.at

Ulrich Ackermann
Ingrid Runggaldier Moroder

DOLOMITEN VERTIKAL
DAS WELTNATURERBE AUS DER LUFT

TYROLIA-VERLAG · INNSBRUCK-WIEN

*Villnösser Talhänge mit Geislerspitzen.*

# LANGFORMAT – DER UNGEWOHNTE BLICK
Von Ingrid Runggaldier Moroder

Wie sich der Blick auf die Berge im Laufe der Zeit gewandelt hat, so hat sich mit ihm auch die Darstellung der Berge verändert. Von den Zeichnungen, Stichen und Gemälden früherer Zeiten, die oft auch im Hochformat wie „Bergporträts" angefertigt wurden, um in die Publikationen hineinzupassen, gingen die Künstler vermehrt auf eine Darstellung der Berge in Form von Panoramen und Fernsichten über, die dem Betrachter den Eindruck der Weite und eines Gesamtblickes verliehen.

Mit den ersten Fotografien entstanden bald auch schon die ersten Postkarten von einzelnen Bergen und Berggruppen. Es sind diese Bilder, die wir von den uns bekannten Bergen zumeist im Kopf haben und die für uns „den Berg" ausmachen.

„Eine kolossale Raumverschwendung", meinte Eva Gräfin Baudissin halb scherzhaft, als sie sich Anfang des 20. Jahrhunderts anlässlich ihrer ersten Tour in den Dolomiten im Val dala Salieries[1], am Fuße der Furchëta inmitten von Geröll und hoch aufragenden Felswänden umgeben sah. Etwas pikiert erwiderte daraufhin ihr bergerfahrener Begleiter, dass sie von der Ästhetik des Gebirges keine Ahnung hätte und „auf dem Standpunkt der Naturempfindung vor hundert Jahren" stünde.

Tatsächlich war der Blick auf die Berge damals schon seit Jahrzehnten nicht mehr von einer rein utilitaristischen Einstellung zur Natur geprägt. Eva Baudissin wusste das sehr wohl. Sie war eine sportliche, gebildete Frau, und die Alpen hatten sich als „Spielplatz" für Bergsteiger schon längst etabliert. Trotz ihrer aufgeklärten Haltung empfand sie, die in den Dolomiten gerade ihre Initiation als Bergsteigerin erlebte, die in der Nacht unheimlich und fahl erscheinenden Felsen zunächst als Bedrohung:

„… als wir dann eines Morgens zu einer Zeit, die es gar nicht gibt, in Dunkelheit und Kälte, um Schatten zu haben, von der Regensburger Hütte aufbrachen, klopfte mir doch das Herz recht. Die Wiesen nass und schlüpfrig, das Tal voll Nebel, die näher und näher heranzukriechen schienen, ringsum eine atemlose, beklemmende Stille – und vor uns stolz und gewaltig aufragend die Furchetta. Drohend und steil schien mir der Gipfel, eine Vermessenheit, ihn erklimmen zu wollen, und während ich mich tapfer bemühte, meine Füße mit den Genagelten in die weit auseinanderliegenden Spuren des Führers zu setzen, sagte eine laute Stimme in meinem Inneren wieder und wieder: Du kommst da nie hinauf – nie hinauf!"[2]

Die Dolomiten. Ein mythenumwobenes Gebirge. Seit ihrer Entdeckung faszinieren sie Scharen von Touristen, Forschern, Kletterern, Abenteurern. Ihr Name ist relativ neu und stammt aus der Zeit der Aufklärung, als der französische Mineraloge und Geologe Déodat de Dolomieu 1789 auf einer Fahrt nach Italien, von Innsbruck kommend, zwischen Gschnitz und Pflersch ein Gestein vom Tribulaun fand, das dem Kalk zwar sehr ähnlich, aber seiner Vermutung nach noch unbekannt war. Er sandte das Probestück dem Chemiker, Botaniker und Geologen Nicholas de Saussure, dem Sohn des Montblanc-Besteigers Horace Bénédict de Saussure, und tatsächlich ergaben Laboruntersuchungen, dass dieses Mineral, Kalziummagnesiumbikarbonat, sich vom bekannten Kalkstein (Kalziumkarbonat) klar unterschied. Nach dem Tod Dolomieus wurde es mit dem Namen „Dolomie" katalogisiert und erst ab den 1860er Jahren setzte sich der Name für die Berge des gesamten Gebietes durch. Vermutlich hat Déodat Dolomieu die „bleichen Berge" der Südalpen, die heute nach ihm benannt sind, selbst nie gesehen.

Es waren in erster Linie englische Reisende, die die Dolomiten touristisch entdeckten und durch ihre Publikationen bekannt machten. So schrieben Josiah Gilbert und George Cheetham Churchill 1864 in ihrem Reisebuch *The Dolomite Mountains* über diese Berge: „Ihre wilde Einsamkeit, der scharfe Kontrast zwischen den von zackigen Spitzen und Türmen gekrönten steil emporragenden Wänden und den sanften grünen Hügeln zu deren Füßen, die dem Betrachter den Eindruck vermitteln, als wären sie in ihrer gegenwärtigen Form von unten nach oben geschossen worden – vollständig und vollkommen – beeindrucken und faszinieren."[3]

Die Dolomiten faszinieren, weil sie so anders als alle anderen Berge sind, so bizarr in ihren Formen, mysteriös und märchenhaft. Mitten in Europa gelegen waren sie doch auch durchaus gebildeten Personen lange Zeit völlig unbekannt. Als Amelia Edwards mit einer Freundin 1873, knapp zehn Jahre nach Gilbert und Churchill, die Dolomiten durchreiste, begegneten ihr kaum andere Touristen, und im Vorwort ihrer Reiseerinnerungen *Untrodden Peaks and Unfrequented Valleys* sah sie sich veranlasst, ihre Leserschaft aufzuklären, dass die Dolomiten nicht etwa „eine Sekte wie die Mormonen oder Drusen" seien, sondern eine Gebirgsgruppe in den Alpen. Auch sie konnte sich ihrer besonderen Anziehungskraft kaum entziehen. „Die neuen und wundersamen Formen dieser kolossalen Berge; ihre eigenartige Färbung, das Rätsel ihrer Bildung; die Einzigartigkeit ihrer relativen Positionen, jeder Berg seinem Nachbarn so nahe und selbst doch so abgegrenzt und isoliert, die merkwürdige Tatsache, dass sie alle so annähernd gleich in ihrer Höhe sind; und deren Namen so anders als die Namen aller anderen Berge sind, hoch klingend, majestätisch, wie die Überreste einer prähistorischen Sprache"[4], das alles bezauberte und inspirierte sie.

Dem Rätsel der Entstehung dieser seltsamen Felsgebilde auf die Spur zu kommen versuchte alsbald eine Reihe von Naturwissenschaftlern/innen, deren illustre Namen – wie etwa die von Ferdinand von Richthofen oder Maria Matilda Ogilvie Gordon – in die Forschungsgeschichte dieses Gebietes Eingang fanden. Aus geologischer Sicht sind die Dolomiten bis heute eine Region von besonderem Interesse. Und auch den Laien verleiht die Vorstellung, dass wir, wenn wir in den Dolomiten spazieren, wandern und klettern, auf einem ehemaligen Meeresboden zwischen Atollen und über Korallenriffen wandeln, über die sich einst unzählige urtümliche Fische, Krebse und Muscheln in tausend Farben tummelten, ein Gefühl von Magie, die uns jeden Aufenthalt zwischen jenen in allen Grau-, Gelb- und Rottönen leuchtenden Felskolossen märchenhaft-surreal erscheinen lässt. Ich erinnere mich, wie ich als Kind unwillkürlich oder mit spielerischer Vorstellungskraft in jedem Felsen wundersame Figuren sah: Die Berge blickten auf mich in der Form von Kamel- und Affenköpfen herunter, sie nahmen den lieblichen Ausdruck eines Mädchengesichts an oder die leichte Gestalt einer Tänzerin, um sich aus einer anderen Perspektive sogleich in einen schwer auf dem Boden stehenden Bullen zu verwandeln.

Es wundert demnach nicht, wenn sich auch die von alters her überlieferten Erzählungen märchenhaft darstellen. Die Welt der Dolomitensagen ist von fantastischen Figuren bevölkert, von den Croderes, den ersten Menschen, die aus Stein waren, und von deren Königinnen Tanna, Molta und Moltina. Es sind Frauen aus Stein, halb Fels, halb Mensch, halb Tier, halb Geist, Königinnen und Göttinnen. Um Mensch zu werden, muss Tanna ihre Raieta, das Diadem mit dem blauen Edelstein, weggeben und die Berge verlassen. Auf diese Weise verliert sie ihre Macht und ihr Glück. Erst die Rückkehr in die Berge gibt ihr ihre ursprüngliche Kraft zurück – und sie wird Stein und Wasser und Erde. Moltina nimmt das friedliche Volk der Fanes in den Conturines auf und wird deren Königin. Da gibt es aber auch Dolasilla, die Kriegerin, die gezwungen wird, wie ein Mann zu leben, und ihre Zwillingsschwester Luianta, die ihr besiegtes Volk unter den Seekofel in das Reich der Murmeltiere führt, um es zu retten. Mit den Murmeltieren sind diese Frauen verwandt. Sie leben mit ihnen in einer Art Symbiose und können sich gar in ein Murmeltier verwandeln. Es ist das Symbol, das das Wappen der Fanes ziert. Da gibt es aber auch Ungeheuer wie den Orco und unheimliche Gestalten wie Spina de Mul, das umherirrende Maultiergerippe, es gibt die Ganes, die Vivanes und die Salvans, diese sonderbaren Wesen, Wasserfrauen und Waldmänner, die wie die Saligen verborgen in den Wäldern und zwischen den Felsen leben und übernatürliche Kräfte besitzen. Manchmal kommt es vor, dass sie mit den Menschen in Frieden leben und ihnen Gutes tun, doch wenn man sie kränkt oder auch nur ihren Namen nennt, verschwinden sie für immer.

Das Gebiet der Dolomiten ist bis heute wegen seiner sprachlichen und kulturellen Eigenheiten interessant. Als Grenzregion zwischen Nord und Süd, am Rande des italienischen Staates gelegen und verschiedene politische Provinzen übergreifend, sind sie Schnittstelle dreier Sprachen und Kulturen: der ladinischen, der deutschen und der italienischen. In ihrem Herzen sind die Dolomiten jedoch ladinisch. In den ehemals abgelegenen Tälern um den Sellastock, dem Gadertal, Buchenstein, Fassatal und Gröden, sowie Ampezzo hat sich diese eigenständige Sprache erhalten, die sich vor 2000 Jahren aus der Fusion des Vulgärlateins mit den Sprachen der damals dort lebenden Bevölkerung entwickelt hatte. Die Namen zahlreicher Gipfel, Grate, Pässe, Almen und Ortschaften sind ladinisch oder ladinischen Ursprungs: Mastlé, Stevia, Frea, Conturines, Lagació, Falzares – der Falzaregopass, dessen Name sich übrigens von „fauzo rego" ableiten lässt und die Bedeutung von „falscher König" hat.

Dass Landschaften Menschen prägen, zeigt sich auch in den Dolomiten deutlich. Das Leben der Bevölkerung stützte sich hier über Jahrhunderte auf die schwierige Bewirtschaftung magerer Felder, die allesamt über 1000 Meter gelegen waren und nicht selten bis zu 1800 Metern Höhe reichten. Die Berglandwirtschaft ermöglichte den Menschen ein karges Dasein, das sie mit etwas Handwerk und Handel zu ergänzen versuchten. Zwar sind die Felder von damals fast ausnahmslos verschwunden und Wiesen – oder Bauten – sind an ihre Stelle getreten, dennoch hat sich die über Jahrhunderte geformte und gepflegte Kulturlandschaft ziemlich gut erhalten. Seit Jahrzehnten verdrängt und ersetzt der Tourismus jedoch die Landwirtschaft als Lebensgrundlage der Bevölkerung. Die einzigartige Berglandschaft mit ihren außerordentlichen Naturschönheiten, die im

Sommer endlose Kletter- und Wandermöglichkeiten bietet und im Winter ein Eldorado für Skifahrer darstellt, bedeutet für den Tourismus ein unbezahlbares Kapital und dessen Existenzgrundlage – die der Tourismus allerdings selbst zu zerstören droht. Der unaufhaltsam voranschreitende Ausbau von Straßen, Hotels, Seilbahnen und Liften sowie der damit verbundene Verkehr und Lärm in immer größerer Höhenlage auch in den entlegensten Gegenden verschont weder Mensch noch Natur. Es bleibt zu hoffen, dass die Ernennung der Dolomiten als Weltnaturerbe seitens der Unesco sich positiv auf die Erhaltung der einmaligen Landschaft auswirkt und der unmäßigen Nutzung entgegenzusteuern vermag.

Die vertikalen, langformatigen Bilder von Ulrich Ackermann zeigen dem Betrachter eine ungewohnte Ansicht der Dolomiten. Sie erinnern an den Blick aus einer Schießscharte, geben den Eindruck, Ausschnitte eines verborgenen Ganzen zu sein – sie sind vertikale Panoramen. Im Gegensatz zur horizontalen Sicht, die uns den Eindruck der Gesamtheit gibt, erweckt das Langformat den Eindruck des Ausschnitts, des Details, aber auch einer nie zuvor da gewesenen Tiefe und Höhe, den Eindruck der Entfernung.

Zwar kennen wir Bergdarstellungen im Hochformat, vor allem wenn einzelne Felsen oder Details davon dargestellt sind, etwa bei der Illustration von Routen, wenn die Steilheit des Felsens betont oder Bergsteiger/innen in Aktion präsentiert werden sollen. Trotzdem ist unsere gewohnte Sicht auf die Welt und speziell auf die Landschaft, auch die Berglandschaft, eher der horizontale „Panoramablick": Wir schauen in einem horizontalen Format. Ackermann verleiht seinen Bildern durch die Vertikalität Tiefe und Höhe, Platz nach unten und nach oben. Wir sehen, was andernfalls ausgespart bliebe: tiefe, dunkle Täler, steile Hänge, auf denen die Spuren der Menschen, deren Bauten und Anbauten zu sehen sind; hohe Pässe, über die sich Straßen winden, von der Sonne beleuchtete und von Wolken umspielte Bergrücken und Gipfel.

Durch das Fehlen seitlicher Anhaltspunkte ist es oft schwierig, die dargestellten Objekte zu orten und zu definieren. Grate, Kamine, Risse, aber auch Pässe und Ortschaften erscheinen uns fremd, neu. Sie sind einzig und werden zugleich allgemein, universell. Ein bestimmter Pass wird zu einem Pass, der spezielle Riss zu irgendeinem Riss, der bekannte Ort zu welchem Ort auch immer. Das macht der ungewohnte Blick von oben, der Blick aus einer noch nie eingenommenen Perspektive.

Ulrich Ackermanns Bilder zeigen uns keine bekannten Bergsilhouetten, keine Postkartenmotive, die seit Jahren schon unser Gedächtnis prägen. Sein Blickwinkel, seine Bilder sind neu. So neu, dass wir dieselben Berge oft nicht wiederzuerkennen vermögen. Das macht sie interessant.

Diese Art von Bildern scheint für die Dolomiten besonders geeignet zu sein, und umgekehrt eignen sich die Dolomiten bestens für diese Bilder. Mit ihren schmalen, lang gezogenen Zacken und Türmen, die wie Fransen in den Himmel ragen, ist ihnen der Charakter der Vertikalität eigen. Was sie von den meisten anderen Gebirgsgruppen unterscheidet, ist die Tatsache, dass sich die formenprächtigen Felsblöcke direkt aus den grünen, blühenden Almen oberhalb der Täler erheben – diese Abstufungen von Tal, Alm, Fels und Himmel, in ihren unterschiedlichen Farben von Dunkel- bis Hellgrün über alle Grautöne, Braun, Gold und Weiß bis zum Blau des Himmels, wird in Ackermanns Bildern mit besonderer Intensität zum Ausdruck gebracht.

Beeindruckend sind die Bilder schließlich auch wegen ihrer Vielfalt, die nicht allein auf der mannigfachen Variation der Motive beruht, sondern sich auch dank der verschiedenen Atmosphären ergibt, die der Fotograf in den verschiedenen Tages- und Jahreszeiten eingefangen hat. Die unterschiedliche Wirkung der Bilder hängt auch von der Nähe und Ferne der Aufnahmen ab. Bei den Nahaufnahmen werden einzelne Berge oder Details zu Protagonisten mit fast menschlichen Eigenschaften: sie bekommen eine Haut, eine Kleidung, einen Gesichtsausdruck, strahlen Wärme oder Kälte aus, sind freundlich, einladend, lebhaft oder abweisend und düster. In den Fernaufnahmen ist es vor allem die Tiefe, mit der die Bilder bestechen, die unseren Blick wie ein Sog in die Landschaft zieht und das Bild selbst in Bewegung setzt. Und es ist gerade diese Bewegung in Ackermanns Bildern, die auch ihre Betrachter bewegt.

Diese eindrucksvollen, spektakulären Bilder haben die Kraft, unsere Sicht auf die Dolomiten, diese wunderbaren Bauwerke der Natur, noch einmal zu verändern und sich unwiderruflich in unseren Köpfen einzuprägen.

---

[1] Ladinischer Name des Wasserrinnentals.
[2] Eva Gräfin Baudissin, „Sie" am Seil, Verlag Walter Schmidkunz, München/Wien, 1914, S. 5–6.
[3] Originaltext: „Their savage isolation, the sharp contrast between their lofty precipice-walls, crowned with jagged peaks and pinnacles ... and their softly swelling green slopes at their feet – giving the spectator the impression of their having been shot up from below in their present form, perfect and complete – impress the eye and fascinate the imagination", The Dolomite Mountains, Excursions through Tyrol, Carinthia, Carniola & Friuli in 1861, 1862, & 1863. Josiah Gilbert and G. C. Churchill, London, 1864, S. 56.
[4] Originaltext: „The new and the amazing forms of these colossal mountains; their strange colouring, the mystery of their formation; the singularity of their relative positions, each being so near its neighbour, yet itself so distinct and isolated; the curious fact that they are all so nearly of one height; their very names so unlike the names of all other mountains, high-sounding, majestic, like relics of a pre-historic tongue ..." Untrodden Peaks and Unfrequented Valleys, Amelia Edwards, 1873, S. 43.

*Santner- und Euringerspitze, Schlern mit Seiser Alm und Grödner Dolomiten.*

*Die grüne Hochfläche des Schlern, „Sommerfrische" für das Völser Jungvieh.*

*Das Langental mit den Felshängen der Stevia und dem Pra da Ri, dahinter die Seiser Alm und der Schlern.*

*Die Raschötz und das Grödental mit der imposanten Langkofelgruppe.*

*Langkofelgruppe von Südosten, vorne die herbstlich braunen Hänge am Pordoijoch.*

*Langkofel von Norden, im Hintergrund das Eis der Marmolada.*

*Plattkofel und Langkofel, dahinter die Puez-Hochfläche und der Alpenhauptkamm.*

*Salamiturm am Langkofel, im Hintergrund die Grohmannspitze.*

*Fünffingerspitze, Langkofelscharte und Langkofel. Der 3181 meter hohe Berg wurde 1869 erstmals vom Wiener Paul Grohmann mit den Bergführern Franz Innerkofler aus Sexten und Peter Salcher aus Maria Luggau in Kärnten bestiegen.*

*Langkofel vom Col dala Pieres, in der Mitte die Zäsur des Langentals und die Crespëina-Hochfläche mit dem Ciastel de Ghedul.*

*Von Norden beherrscht die 800 Meter hohe Nordwand der Furchetta die Geislergruppe, darunter die idyllische Gschnagenhardt-Alm.*

*Die Aferer und Villnösser Geisler in Zweierreihe.*

*Grödner Joch mit Murfreitturm und Langkofelgruppe im Hintergrund.*

*Der markante Gipfel des Sassongher in der Puezgruppe erhebt sich oberhalb von Corvara.*

*Vom Col Raiser erheben sich die Felsen der Stevia, dahinter die Cirspitzen und der Sellastock, der im Frühsommer noch mit Schnee bedeckt ist.*

*Pordoijoch mit Sas Becè, Sellastock mit Pordoispitze und Pordoischarte sowie Sella-Hochplateau, dahinter die Geislerspitzen und der Alpenhauptkamm.*

*Der Sellastock im letzten Sonnenlicht mit dem Pelmo im Hintergrund.*

*Letzte Sonnenstrahlen auf dem schneebefleckten Sellastock mit der Pordoispitze. Die Seilbahnstation am Pordoi und die Boè-Hütte, die frühere Bamberger Hütte, sind klar sichtbar.*

*Murfreittürme, Sella-Hochfläche und der 3152 Meter hohe Piz Boè.*

*Sellatürme, Piz Ciavazes, Val Lasties und Piz Boè.*

*Im Vordergrund der Zweite Sellaturm und die Westwand der Pordoispitze, auf deren Gipfel die Seilbahnstation deutlich sichtbar ist. Im Hintergrund erhebt sich die Civetta Nordwestwand.*

*Das Mittagstal (Val de Mesdì) mit Piz Boè und Dënt de Mesdì.*

*Pordoijoch mit Piz Boè.*

*Sellastock mit Pordoispitze-Westwand, dahinter Val Lasties und die Sella-Hochfläche.*

*Sellatürme und Piz Ciavazes, weiter hinten Canzla dla Biesces und Murfreittürme, im Hintergrund die Cir- und Puezspitzen.*

*Felsgrate der Rosengartengruppe, die Gipfel des Plattkofels und des Langkofels reihen sich eng hintereinander auf.*

*Steinegg mit Latemar, in der Mitte eine Gruppe von Erdpyramiden.*

*Kesselkogel und Rosengartenspitze mit Wolkenschleier, Rotwand und Masarè, vorne ist der Hirzelweg deutlich erkennbar.*

*Wie die Zinnen einer mittelalterlichen Festung: die Tscheinerspitze und die Rotwand in der Rosengartengruppe.*

*Kesselkogel vom Tschamintal, im Vordergrund die Valbonspitze mit der bekannten Dülferroute.*

*Rosengartengruppe, im Hintergrund die Monzoni- und die Palagruppe vom (links) Monte Agner bis zum Cimone della Pala.*

Südgrat der Rosengartenspitze mit Kölner Hütte im Vordergrund, dahinter Gran Cront, Piz Boè und die drei Tofane.

*Vajolettürme mit Larsec, im Hintergrund Vernel und Marmolada, Cima Ombretta und Sasso Vernale.*

*Baumannkamm der Rosengartengruppe, Palagruppe mit Cima Vezzana und Cimon della Pala im Hintergrund.*

*Nördliche und südliche Vajolettürme in der Rosengartengruppe, im Hintergrund die Scaliaretspitze.*

*Die Marmolada, Königin der Dolomiten, von Nordwesten, im Hintergrund der Pelmo.*

*Schnee- und Schattenspiele an der Marmolada, Punta Serauta, dahinter ragt der Pelmo empor.*

*Marmoladagletscher mit wenigen Eisresten, schön sichtbar im Sonnenlicht die zwei freigelegten Grate, die das Massiv vertikal durchziehen.*

*Marmolada-Südwestwand zur Punta Penia mit den zwei berühmten klassischen Routen, der „Soldà-Conforto" im Westen und der „Bettega-Zagonel-Tomasson" in der Südwand. Dahinter der einsam emporragende Pelmo.*

*Der massige Pelmo, der von den Einheimischen auch scherzhaft „Caregon del Signor", „Sessel des Herrn" genannt wird.*

*Torre dei Sabbioni in der Marmarolegruppe, eingebettet wie in einem Nest.*

*Die Schichten des Dolomitgesteins an den Gipfelgraten sind im Schnee deutlich gezeichnet.*

*Die zerklüfteten Felsen des Sorapis mit dem Antelaogipfel, vorne das bekannte Cortineser Skigebiet des Faloria, die Pisten und Wege sind deutlich erkennbar.*

*Pelmo von Norden in der Abendsonne, davor ein Detail aus den Lastoni di Formin.*

Pelmo, Croda da Lago und Lastoni di Formin mit wunderbarem Lichtspiel auf der Tofana di Rozes im Vordergrund.

*Pelmo und Pelmetto im Neuschnee, im Hintergrund die Schiaragruppe.*

*Während das Tal bereits im nächtlichen Schatten versunken ist, sonnen sich die Gipfel noch für wenige Augenblicke im Abendlicht. Im Hintergrund Lastoni di Formin, Croda da Lago und Pelmo.*

Sorapisgruppe im Sonnenuntergang.

*Die Lastoni di Formin und der Becco di Mezzodì ragen aus der Dunkelheit.*

*Blick von der Sorapisgruppe zum Cristallino, Cristallo und Piz Popena, dahinter die Zillertaler Alpen.*

*Der in den Himmel ragende Heiligkreuzkofel, auf Ladinisch „Sas dla Crusc" genannt, zu seinen Füßen die Kirche und das Hospiz im Sonnenschein. Schön sichtbar ist der Umriss eines Pferdekopfes im Fels.*

*Ganze Städte von Felsburgen sind die Dolomiten.*

*Die Wege des Ey de Net und der Dolasilla, von Spina de Mul und Moltina sind heute beliebte Wanderpfade.*

*Valun de Lagaciò mit Torre da Lago und Cima Scotoni.*

*Der 3264 Meter hohe Antelao ist der zweithöchste Gipfel der Dolomiten nach der Marmolada.*

*Ein Spitzenschleier aus frischem Schnee bedeckt den Gipfel.*

*Schattenspiele über den Graten des Sorapis, dahinter der Antelao.*

*Cinque Torri gegen Cortina im Herbst.*

*Die Cinque Torri, ein Haufen umgeworfener Steinklötze.*

*Cinque Torri, Falzaregopass, Sas de Stria (Hexenstein) und Valparolapass, vorne die Cinque-Torri-Hütte.*

Tofana di Mezzo, Detail des großen Südwandpfeilers.

*Alternierende Fels- und Wiesenhänge.*

*Felsturm mit Becco di Mezzodì und Pelmo im Hintergrund.*

*Von vorne nach hinten: Croda Negra, Averau, Nuvolau und Giau-Pass, Lastoni di Formin und Croda da Lago.*

*Abendliche Dolomitenlandschaft.*

*Misurinasee mit Westlicher, Großer und Kleiner Zinne von Süden.*

*Der Toblinger Knoten mit den Drei Zinnen von Norden, im Hintergrund die Cadin- und die Marmarolegruppe.*

*Großer und Kleiner Zwölferkofel, im Vordergrund die Bödenseen und der Toblinger Knoten.*

Paternsattel und Paternkofel, etwa in der Mitte des Bildes das rote Dach der bekannten Dreizinnenhütte.

*Paternkofel, bekannt als Schicksalsberg des berühmten, im Ersten Weltkrieg gefallenen Bergführers Sepp Innerkofler.*

*Die spektakulären Nordwände der Drei Zinnen in der Abendsonne.*

*Die Auronzo-Hütte am Fuße der Westlichen Zinne.*

*Winteransicht der Drei Zinnen mit Auronzo-Hütte, dahinter der Karnische Höhenzug und die Hohen Tauern.*

*Kleine, Große und Westliche Zinne, im Vordergrund das schwarze Rienztal.*

*Herbstlandschaft mit einsamem Bergsee.*

*Die wolkenumwobene Nordwestwand der Civetta.*

Civetta-
Nordwestwand,
Ausschnitt.

*Torre Venezia in der südlichen Civettagruppe, im Hintergrund die Tofane.*

*Torre Venezia, Civetta.*

*Torre Trieste, in der südlichen Civettagruppe, im Hintergrund der Civetta-Hauptgipfel.*

*Rechts unten Torre Venezia, in der Mitte links Torre Trieste, zwei begehrte Kletterziele in der Civettagruppe.*

*Sas Maor und Cima della Madonna mit der berühmten Schleierkante zwischen Licht und Schatten.*

*Pala-Hochfläche und Palatürme in Richtung Norden, ganz im Hintergrund die Langkofelgruppe.*

*Pala-Hochfläche mit Sicht auf die kolossale Marmolada-Südwand.*

*Der 2873 Meter hohe Monte Agner mit seiner langen Nordkante.*

*Die wilde Palagruppe mit Marmolada-Südwand im Hintergrund.*

*Cimon della Pala von Südwesten: Der Gipfel wurde 1870 von Edward Robson Whitwell mit den Führern Santo Siorpaes aus Cortina und Christian Lauener aus Lauterbrunnen erstmals bestiegen.*

*Palagruppe mit Monte Agner im Hintergrund.*

*Cima Canali in der Palagruppe mit dem berühmten Buhlriss in der Westwand.*

*Der Sass Maor in der Palagruppe.*

*Das liebliche Dörfchen Bellamonte umgeben von Wäldern, dahinter, im ersten Schnee, die Palagruppe mit dem Cimone und der Cima di Vezzana.*

*Torre di Brenta von Südwesten. Erstmals bestiegen wurde der Turm 1882 vom bekannten Alpenmaler Edward Theodore Compton und dem Bergführer Matteo Nicolussi aus Molveno.*

Von links nach rechts:
Cima Brenta (früher auch Kaiser-Franz-Joseph-Spitze genannt), Vedretta Alta dei Brentei und Spallon dei Massodi, Brentagruppe.

*Von links nach rechts: Cima Molveno und Cima dei Armi, Torre di Brenta, Sfulmini, Campanile Alto und Crozzon di Brenta, Brentagruppe.*

*Der bekannteste Gipfel der Brentagruppe, die Guglia di Brenta, hier von Südwesten.*

*Von links nach rechts: Cima Roma und Cima Sella hinten im Schnee, davor die Torri di Kiene von der Punta Massari, Brentagruppe.*

Cima Falkner, im Vordergrund der Castelletto Inferiore. Die bewegten Formen des Gesteins sind wie mit Pinselstrichen gemalt.

*Fast zusammengeschweißt am Horizont: Crozzon di Brenta und Cima Tosa.*

108

*Die Cima Falkner befindet sich im nördlichen Teil der Brenta. Der Gipfel wurde 1882 von A. de Falkner und dem Bergführer Antonio Dellagiacoma erstmals bestiegen.*

*Brenta, Hauptmassiv.*

*Von links nach rechts: Torre di Brenta, Sfulmini, Campanile Alto und Cima Brenta Alta, im Vordergrund zwei sonnige, mit Schnee bedeckte Berggrate.*

*Gipfel im Nebel, Brentagruppe.*

*Unser Dank geht an:*
*Hannsjörg Hager, Pierandrea Krentzlin und Adam Holzknecht für die geografische Beratung und an die Piloten Reinhold Pernstich aus Bozen und Ruedi Homberger aus Arosa, die mit ihrem großen fliegerischen Können und ihrer Erfahrung ganz wesentlich zum guten Gelingen der Luftaufnahmen beigetragen haben.*
*Daniel Pernstich aus Bozen für seine wertvolle nötige Vorarbeit für die Fotoflüge.*
*Franz Duss, Alpinist aus Luzern und Kenner der Dolomitenregion, für seine vielen guten Ratschläge und Tipps.*
*Meine liebe Lebenspartnerin Eva für ihr Mitdenken und ihre organisatorische Mithilfe durch das ganze Projekt.*